P. HUGOLIN, o.f.m.

LES REGISTRES PAROISSIAUX DE RIMOUSKI,
DES TROIS=PISTOLES ET DE L'ILE-VERTE,
TENUS PAR LES RECOLLETS
[1701=1769]

MONTREAL

1913

LES REGISTRES PAROISSIAUX DE RIMOUSKI,

DES TROIS=PISTOLES ET DE L'ILE-VERTE,

TENUS PAR LES RECOLLETS

[1701=1769]

Publications récentes sur les Récollets du Canada

I.—Par le R. P. HUGOLIN, o. f. m.

L'établissement des Récollets à Montréal, 1692.—56 pp.in-8. Montréal, 1911.

L'établissement des Récollets de la Province de Saint-Denis à Plaisance, en l'Ile de Terre-Neuve, 1689.—24 pp. in-8. Québec, 1911.

L'établissement des Récollets à l'Isle Percée [1673-1690].— 48 pp. in-8. Québec, 1912.

Les Récollets de la Province de l'Immaculée Conception en Aquitaine, missionnaires en Acadie [1619-1633].—21 pp. in-8. Lévis, 1912.

Les Registres paroissiaux de Rimouski, des Trois-Pistoles et de l'Ile-Verte, tenus par les Récollets [1701-1769].— 24 pp. in-8. Montréal, 1913.

Le Père Joseph Denis, premier Récollet canadien [1657-1736].—Montréal, 1913. (Sous presse).

II.—Par le R. P. ODORIC, o. f. m.

Les Frères Mineurs à Québec [1615-1905].—Simple coup d'oeil historique.—157 pp. in-12. Québec, 1905.

Le Frère Didace Pelletier, Récollet.—415 pp. in-12. Nombreuses illustrations hors texte et dans le texte. Québec, 1910.

Etudes historique et critique sur les Actes du Frère Didace, Récollet.—62 pp. in-8. Nombreux fac-similés de documents originaux. Québec, 1911.

Le Père Gabriel de la Ribourde, Récollet.—64 pp. in-8. Québec, 1912.

Plusieurs ouvrages en préparation.

P. HUGOLIN, o.f.m.

LES REGISTRES PAROISSIAUX DE RIMOUSKI, DES TROIS=PISTOLES ET DE L'ILE-VERTE, TENUS PAR LES RECOLLETS [1701=1769]

MONTREAL

1913

LES
REGISTRES PAROISSIAUX DE RIMOUSKI, DES TROIS-PISTOLES ET [DE L'ILE-VERTE, TENUS PAR LES RECOLLETS
(1701-1769)

Les Récollets furent de longues années les missionnaires de ces trois endroits, particulièrement de Rimouski; ils y tinrent des registres qui sont aujourd'hui les témoins authentiques et très importants de leurs travaux. Il nous a paru que ce serait fournir à l'histoire de ces paroisses et à l'histoire des Récollets un apport considérable que d'analyser ces registres. Si nous joignons dans notre étude les trois paroisses de Rimouski, des Trois-Pistoles et de l'Ile-Verte, c'est parce que ces trois localités furent conjointement desservies par les mêmes Récollets.

Registres paroissiaux de Saint-Germain de Rimouski

Il y en a trois tenus par les Récollets. Ce sont les plus anciens. Le premier se compose de six cahiers d'épaisseur diverse, mais à peu près du même format, et comptant 114 pages.

Le premier registre débute comme suit:

"Registre des baptêmes, mariages et enterrements de la paroisse de Saint-Germain commencé en l'année mil sept cent vingt et un, le treizième janvier 1721.

"Au nom de notre Seigneur Jésus-Christ
a commancé

Le Registre

Des baptêmes, mariages et enterrements dans l'église paroissiale de Saint-Germain de notre diocèse de Québec en ce jour treizième de ce mois de janvier de l'année mil sept cent vingt et un, contenant soixante et deux feuillets de papier par moy fr. p. gélase de Lestage recollet missionnaire faisant actuellement les fonctions curiable (sic) dans la dite paroisse, en la Seigneurie de St-Barnabé ditte Rimousky."

Le premier registre est en double. L'intitulé du double commençant par ces mots: "Au nom de etc.", est le même que ci-dessus, sauf qu'il y a 1701 pour 1721, 56 feuillets, "dite vulgo Rimouski," avec cet ajouté: "ad majorem gloriam", le tout de la main du Père Gélase de Lestage. Ce missionnaire n'ayant pas exercé le ministère à Rimouski avant 1720, d'après les registres eux-mêmes, la date de 1701 veut indiquer l'année où le premier acte fut registré, non par lui, mais par le Père Bernardin Leneuf.

Le Père Bernadin Leneuf ouvre le premier registre. Il y inscrit quatre actes, le "dernier août 1701'' et le 1er septembre 1701. Les trois premiers actes sont des actes de baptême, le quatrième est un acte de mariage. Le premier baptême célébré à Rimouski est celui d'Antoine Lepage, petit-fils de Germain Lepage, et fils de René Lepage de Ste-Claire et de Marie Gagnon.

A la suite du Père Bernardin, le Père Bertin Mullet inscrit deux actes, le 7 septembre 1703; il supplée, chaque fois, les cérémonies du baptême à deux enfants ondoyés à leur naissance.

Le Père Michel Brulé inscrit sept actes, du 8 juillet 1706 au 3 juillet 1708. Aux deux premiers actes (8 juillet 1708) il s'intitule: ''Moi frère Michel Brulé, missionnaire des Sauvages Mikemagues...''

Le Père Florentin Favre de Belle Roche inscrit quatre actes, les trois premiers le 26 juillet 1709, le dernier le 2 juillet 1710.

De 1710 à 1718 le ministère est rempli à Rimouski par des prêtres séculiers: M. Mesnage (1er acte, le 17 janvier 1712), M. Auclair (6 juillet 1714), M. Sauvenier (2 novembre 1717); ce dernier inscrit cinq actes, le dernier à la date du 20 mai 1718.

Le Père Michel Brulé reparaît aux registres avec une série de six actes, du 4 août 1718 au 27 mai 1719.

Son premier acte est pour inscrire le décès du seigneur de Rimouski:

''Moy frère Michel Brulé recollet missionnaire des Sauvages de Miramichy passant par la paroisse de St-Germain de Rimouskuy et ne s'étant trouvé aucun missionnaire, certifie et déclare que l'année et jour cy dessus est décédé le Sr Renée Lepage de Ste-Claire, Seigneur de Rimouskuy fils de Germain Lepage et marié à Marie Madeleine Gagnon, après l'avoir confessé et luy avoir administré le St-Viatique et le sacrement d'extrême-onction, a été inhumé avec les cérémonies accoutumées dans l'église de la paroisse de St-Germain proche le marche pied de l'autel, au milieu de l'église.''

Le 5 octobre 1718, il réhabilite le mariage d'Etienne Pominville avec Marguerite ''Sauvagesse'', le mariage ''n'ayant pas été célébré selon la forme prescrite du Concile de Trente par un prêtre, selon les ordres que j'ai eu de Monseigneur notre Evêque.''

Les six actes inscrits par le Père Michel le sont aux dates suivantes: 4 août, 12 et 15 octobre 1718, 8 avril, 10 et 27 mai 1719. Le 8 avril 1719, il baptise Pierre, fils des époux dont il avait réhabilité le mariage.

Le Père Gélase de Lestage. Huit actes, du 30 mars 1720 au 26 janvier 1721.

Le 30 mars 1720: ''frère Gélase Récollet missionnaire des Sauvages de Ristigouche en revenant de ma maison (sic) passant par Rimouski paroisse de St-Germain et n'ayant trouvé aucun prêtre missionnaire . . . .baptise sous condition Cécile, fille de Sr Pierre Lepage le St-Barnabé et de Marie Trépagné.''

Le second acte est aussi du 30 mars 1720.

Les 3e et 4e sont du 4 septembre 1720. Le

Père Gélase s'y souscrit "missionnaire de Rimouskuy".

Au cinquième, qui est du 1er septembre 1720, et au sixième, du 3 décembre de la même année, il s'intitule "prêtre missionnaire de Rimousquy tant pour les français que pour les Sauvages." Le septième est à la date du 23 décembre 1720, le huitième et dernier à la date du 26 janvier 1721.

Suivent neuf actes inscrits par M. Auclair "prêtre curé de St-Louis de Kamouraska." Ils vont du 1er mai 1722 au 2 mai 1723.

Revient le Père de Lestage avec trois actes, le 16 juin et le 26 février 1723, selon l'ordre où ils sont couchés au régistre. Voici l'acte mortuaire qu'il inscrit au 26 février.

"L'an mil sept vingt trois, le vingt-six de février, est décédé le Sr. Germain Lepage, âgé de cent un an d'une vie très exemplaire dans une mortification de tous les sens, n'ayant jamais porté de linge depuis plus de cinquante ans, d'une dévotion angélique, mort en odeur de sainteté, parlant jusqu'à sa dernière heure de vie et même un moment avant que de trépasser, d'un très bon jugement, ayant fait assembler toutes les personnes du lieu et les ayant édifiées en les exhortant et fait faire même des prières à son lit, il prit son crucifix contre son visage et le baisant il est trépassé sans aucun signe que l'on donne à la mort, il a été inhumé dans la chapelle de ce lieu paroisse de St-Germain, passant au dit lieu en revenant de ma mission de Miramichy, j'ai fait et célébré un service dans la dite chapelle où repose le corps du bon patriarche pour lequel j'ai une très grande vénération, en foi de quoi j'ai soussigné fr. Gelase de Lestage Récollet missionnaire.''

Le 16 juin 1723, le Père Gelase se dit ''missionnaire des Sauvages Miskemagues'', ainsi que dans l'acte suivant, en février.

Le Père Ambroise Rouillard, dont le nom est resté attaché aux commencements de Rimouski, apparaît pour la première fois aux registres, le 2 octobre 1724. Il y inscrit 84 actes, de cette date au 8 septembre 1735. Durant cette période il dessert seul la mission.

Le 2 octobre 1724 il baptise Angélique, fille d'Etienne Pominville et de Marguerite ''sauvagesse''. Dans l'acte qu'il en inscrit il se dit ''missionnaire de Rimouski; un peu plus loin ''missionnaire de la paroisse de St-Germain de Rimousquy''; plus loin encore ''faisant les fonctions curiales dans la paroisse de St-Germain à Rimouskuy.'' Sa signature varie aussi: ''fr Ambroise Rouillard Récollet (1er acte), ''fr. Ambroise Récollect'', ''fr. Amb. R.'' ''fr. Amb. Rouillard Recollet'', ''fr. Amb. R. R''., ''fr. Amb. Recollect'', etc.

En 1735, le Père Ambroise repasse à Rimouski en revenant de Ristigouche et inscrit quatre actes, le 15 décembre 1735, le 16 janvier, le 4 février et le 25 mars 1736.

Le Père Charles Barbel succède au Père Ambroise Rouillard. Du 18 novembre 1735 au 29 juillet 1740, il rédige 47 actes. Il n'a pas signé celui du 29 juillet.

"Je frère Charles Barbel missionnaire de Rimouschy autrement de la paroisse de St-Germain" (acte du 5 janvier 1736).

"Je soussigné fr. Charles Barbel miss. de la paroisse de St-Jean-Baptiste dit la rivière verte" (acte du 13 février 1736). A l'acte suivant, également du 13 février 1736, il y a île verte au lieu de rivière verte, et partout ailleurs où ce lieu est désigné.

Le 26 mars 1736, le Père Barbel fait la sépulture du Sieur Jean-Baptiste Cotté, seigneur de l'île Verte.

Le 26 mars 1736, le Père Barbel se désigne comme "missionnaire de la paroisse de Notre-Dame des Anges autrement dit des trois pistoles."

Et le 15 mars 1739: "Je soussigné moy frère Charles Barbel prêtre Récolect Missionnaire des trois paroisses de Notre-Dame des Anges, de St-Jean-Baptiste et de St-Germain autrement Rimouschy."

On voit par là que le Père Barbel desservait les trois paroisses susnommées et qu'il tenait un registre unique pour les trois.

Le Père Albert Millard inscrit vingt actes, du 6 janvier 1741 au 19 mars 1744. Le 6 janvier 1741, il se dit "prêtre missionnaire le la paroisse de St-Germain autrement dit de Rimousqui", et quelques jours plus tard, le 11 février, "missionnaire de la paroisse de St-Jean-Baptiste à l'isle verte."

Le Père Bernard Bulte (1?) ne paraît au registre que le 24 août 1741; il y inscrit un baptême, et s'intitule "missionnaire de la paroisse de St-Germain de Rimouski." L'acte suivant, en date du 1er octobre 1741, est du Père Millard.

En 1745, le Père Ambroise Rouillard redevient missionnaire à Rimouski, et le sera jusqu'à sa mort, en 1769. Son premier acte est du 10 avril 1745, et le dernier contenu dans le premier registre, du 8 juin 1748, soit 36 actes.

En 1745, le Père Gélase de Lestage fait encore, incidentellement, du ministère à Rimouski. Le 26 septembre il y baptise Marie Madeleine, fille du Sr Nicolas Lepage de la fossais. Il était à cette époque missionnaire à Ristigouche, ainsi qu'il se désigne dans cet acte de baptême.

Deuxième registre (1749-1767)

Le Père Ambroise ouvre ce registre le 1er janvier 1749, et le tient jusqu'au 22 septembre 1750. Y a-t-il lacune au registre à partir de cette date jusqu'au 24 octobre de l'année suivante? Cela semble probable; pas un seul acte n'y est inscrit jusqu'au 24 octobre 1751, alors que le Père Maurice Lacorne y consigne l'acte suivant, le seul qu'il ait inscrit:

"L'an mil sept cent cinquante et un le 24 octobre je frère Maurice Lacorne recollet ptre passant par rimousky, le missre étant absent certifie avoir baptisé le nommé Pierre lepage, fils de pierre lepage et de veronique rious les père et mère de légitime mariage. Le parrain a été pierre Lepage de St-Barnabé la marraine a été marie Destrepanie En foy de quoy j'ay signé Le jour et an que dessus, frère Maurice Lacorne recollet ptre.''

Puis le Père Ambroise reprend la plume le 8 novembre 1751 et tient le registre jusqu'au 23 avril 1767. Il y a en tout dans le second registre 138 actes faits par le Père Ambroise: 16 du 1er janvier 1749 au 22 septembre 1750, et 122 du 8 novembre 1751 au 23 avril 1767.

Du 23 avril 1767 jusqu'à l'année 1774, il y a une lacune aux registres de Rimouski. A cette date est ouvert un nouveau registre par Monsieur Truteault, qui se dit ''curé de tous ces endroits (les postes du Domaine du roi sur le fleuve?) Cependant, comme l'atteste une note qui a été mise immédiatement après le dernier acte du Père Ambroise Rouillard, au deuxième registre, quelques actes rédigés sur des feuilles volantes par un missionnaire Jésuite, le Père Labrosse, entre 1771 et 1774, ont pu dans la suite être obtenus des Pères Jésuites qui en avaient la possession, par l'intermédiaire de l'abbé Cyprien Tanguay, curé de Rimouski de 1850 à 1859, et ils ont été collés dans le deuxième registre à la suite des actes du Père Ambroise et dans le troisième registre. Sauf le premier qui est manuscrit, les autres, au nombre d'une douzaine environ, sont inscrits sur des formules ad hoc, imprimées, avec des blancs pour les écritures nécessaires. La formule débute ainsi: ''Je soussigné prêtre de la Compagnie de Jésus, Missionnaire des Postes du Domaine du Roi.'' Le premier acte du Père Labrosse, l'acte manuscrit, porte qu'il est ''Missionnaire des Postes du Domaine du Roy, du golfe du fleuve Saint

Laurent, Acadie, terres et îles adjacentes.''
Cet acte est du 5 octobre 1771.

Parmi les actes inscrits par les Récollets,
surtout par le Père Ambroise, on relève quelques baptêmes de Sauvages.

Troisième Registre (1774 à 1796)

Ce registre avait été commencé comme livre
de comptes de la fabrique par le Père Ambroise
Rouillard, en 1751. N'ayant que 2 1-2 pages
d'écrites, le cahier fut repris en 1774, par M.
Truteault, comme registre des baptêmes, etc. Je
copie en entier les comptes tenus par le Père
Ambroise.

''Livre de compte des Recestes | Revenant
a Leglise de la paroisse de St-Germain de Ri-
mousky | fait en L'année 1751 jusque a ce jour
13e, | avril de la susdite année.|

Au nom de notre Seigneur Jésuschrist a
commencé Le Livre des Comptes de Leglise pa-
roissialle de St Germain dans la Seigneurie de
Rimousky.

Compte que rand par devant nous pere
Ambroise rouillard Missionnaire de la dite paroisse de St. Germain a Rimousquy; Le sieur
Jean Pinaux cy devant Marguillier de Leglise,
et ce, pour deux ennés: commençant le premier
jour de l'enné mille sept cent quarante neuf; et
finissant à pareilles jour de lenné, mille sept
cent cinquante; En présence de Joseph Laurant
appresent Marguillier et de M. paul lepage de
mollé encien marguillier et autres habitants...

Et par compte ayant été vûe et examiné clos
et arrêté dans la maison curialles par nous missionnaire fesant dans la maison curialles, en
presence des cy deplus nommés la recette sest
trouvé exeder la depense de la somme de 12 L
10 d. que le dit rendent comte promet de payer
au nouveaux marguillier le plus top que faire
se pourra fair et passé clos et aresté par devant
nous missionnaire soussigné en présence des
susdits marguilliers témoins qui ont signé avec
nous. De ce enquis suivant lordonnance en foy
de quoy j'ay signé le present acte le jour et an
que desus.

MOLLE LEPAGE.

De L'année mille sept cent cinquante six
fait recette Joseph Laurent comptable cy devant
Marguillier et chargé de la paroisse de St Germain dioxcesse de Québec de la somme de:
Geant (ayant?) . . . . 56 L En
de plus . . . . 5 I. 1/2 3/4
de Castor
de plus Dix martes . . . . 10 martes
de plus pour la dépence fait pour La ditte
   Eglisse
quarente huit livres delivrée pour la
doreure du tabernaqueble apartenan
   a La ditte Eglisse . . . . 48 L
de plus douze livre pour des hosties . . . . 12 L
de plus sept Livre pour de la toille . . . . . 7 L

Compte que rend par devant nous Ambrois-
se Rouillard Recollet Missionnaire de la paroisse de St. Germain de Rimouskuy faisant les
fonctions curialles dans la dite paroisse. Le nomé Joseph Laurens marguillié en charge......

Joseph Laurens cy devand marguillier de Le-
glisse de St. Germain de Rimousquy et conti-
nuent la charge de marguillier de la dite Eglisse
rendent ses compte pour deux ant et fenissant
le 11ème du moy de may de Lennée 1756 et con-
tinuant toujour la même charge de Marguilliers
en présence du Sieur molé Lepage ancien marguilliers E Sieur Jean pinau encien Marguillier Et sont compte ayant été vue examiné clos
et arretté dans la maison Curialle par nous
Missionnaire faisent Le fonction curialles En
presence des cy dessu nomé La recette cest
trouvé excédé La dépence le la somme de quarente Livre que Le Rendent compte a remy seur
le champt et ce en Bonne expece.

Et argent Scavoir...

En Expece . . . . 56 L
En castor Cainq livre et demy et de-
my quarteron a quatre livre
La livre se monte . . . . 21 L 10 d
Dix martte a trois livre se monte . . 30 L

Le total de la ditte somme se montte 107 L 10 d

Fait et pace, aretté et clot par devant nous
missionnaire soussinne en présence des susdits
marguillier témoins qui on signe de ce en qui sui
vant Lordonance, en foy de quoy jay signe Le
present acte Le jour Et en que desus.

Jean pinau

Registres paroissiaux des Trois-Pistoles

Le premier registre, le seul qui intéresse les Récollets, fut inauguré en 1713, le 8 septembre. Il débute ainsi: "Extrait des registres des baptêmes le l'église paroissiale le Notre Dame des Anges, diocèse de Kébec."

Suit le premier acte, en date du 8 septembre 1713. C'est l'acte de baptême de "Catherine Rioux fille du sieur Nicolas Rioux, Seigneur des Trois-Pistoles, et de Dame Louise Asselin, ses père et mère, née du jour de la nativité de Notre Dame." L'acte est rédigé par le "curé de Kamouraska et desservant les paroisses de Rimouski, de Notre Dame des Anges de trois-Pistoles et de St-Jean-Baptiste de l'île verte."

Ce curé signe pas, mais l'acte suivant le fait connaître: c'est M. Auclair. il a inscrit sept actes, tous des actes de baptême. En voici les dates: 8 septembre 1713, 1er novembre 1715, 8 octobre 1718, 26 février 1721, 30 avril 1724, 30 novembre 1726, 26 mai 1729.

Le Père Ambroise succède au curé de Kamouraska, et inscrit son premier acte le 29 mars 1731; c'est aussi un acte de baptême. Il ne signe pas non plus, mais il se dit "frere Ambroise Rouillard recollet, Missionnaire desservant les paroisses de St-Germain de Rimousky Notre-Dame des Anges des trois pistoles et St-Jean-Baptiste de l'île verte." Les deux actes suivants sont aussi de lui: le 29 août 1733 et le 29 novembre 1735.

Puis le Père Charles Barbel, qui ne signe pas non plus, mais, comme le Père Ambroise, s'intitule "missionnaire des paroisse de etc," inscrit deux actes, l'un en 1736 (le mois et le jour ont été laissés en blanc) l'autre le 5 mai 1738.

L'acte suivant, daté du 21 décembre 1742, est du Père Luc; celui-ci n'a pas signé, mais il se désigne comme ses prédécesseurs.

Le Père Ambroise réapparaît le 2 février 1746. Il ne signe pas. Le 25 janvier 1748, qui est la date du suivant acte, le Père Ambroise se dit "desservant dans la paroisse de Notre-Dame des Anges." Cet acte est signé, et désormais le Père Ambroise signa presque tous ses actes.

Suivent cinq actes inscrits par ce missionnaires, le 25 mars 1748, le 24 avril, le 27 juin et le 6 juillet 1749, le 4 mai 1750.

M. Plante, "missionnaire de St. Louis de Kamouraska," inscrit l'acte suivant, le 2 août 1750. Le Père Ambroise reprend ensuite le registre, et y inscrit une série d'actes, dans l'ordre suivant, où il s'y désigne de façon bien diverse:

20 février 1751—il s'y dit missionnaire des trois paroisses.

14 mars 1751—faisant les fonctions curiales à l'Ile Verte.

17 mai 1752—idem, à N.-D. des Anges aux Trois-Pistoles.

14 juin 1752—idem.

27 octobre 1752 (2 mariages)—missionnaire de St-Jean de l'Ile Verte.

15 mars 1753—aucune désignation.

13 janvier 1754—desservant les trois paroisses.

25 janvier 1754—faisant les fonctions curiales à l'Île Verte.

24 août 1755—idem, à N.-D. des Anges.

29 août 1755—missionnaire.

9 septembre 1755—faisant les fonctions curiales à N.-D. des Anges. Etc., etc.

Les autres actes inscrits par lui le sont à la date des 20 et 22 mai 1756; des 25 et 26 mai, des 3 et 10 octobre 1757; des 18 août et 17 septembre 1758.

Ensuite vient un acte de baptême ''par nous soussigné prêtre aumônier des vaisseaux de sa majesté missionnaire actuel de la susdite paroisse.... au défaut d'un prêtre comme il nous a été assuré. Ss. Chesnot prestre aumônier (comme ci-dessus).''

Puis deux actes par M. Trutault, curé de Kamouraska. Au second il se dit ''maintenant aux 3 pistoles.'' Ces deux actes sont de 1760. Du même, encore un acte, le 21 janvier 1761.

Le Père Ambroise reparaît le 3 juillet et le 31 octobre 1763, et le 22 juillet 1766.

Ce dernier acte clôt la première partie du registre, celui des baptêmes. Au recto du vingt-cinquième folio s'ouvre le ''Registre pour enregistrer les mariages de la paroisse de Notre-Dame des Anges.''

Il est inauguré et rempli presque en entier par le Père Ambroise jusqu'à la mort le celui-ci. Sauf trois actes inscrits par M. Trutault, le 3 mai 1761, et deux le 28 janvier 1769, le Père Ambroise tient le registre du 15 novembre 1735 au 15 mai 1769, et y inscrit 31 actes, où alternent baptêmes, mariages et sépultures, malgré l'intitulé de cette partie du registre.

Dans son dernier acte, le 15 mai 1769, le Père Ambroise se dit ''curé de la paroisse de St-Germain à Rimouskuy''. Suit un acte de M. Trutault, du 12 janvier 1770. puis le registre est tenu par le Père de Labrosse, Jésuite, dont le premier acte est du 6 septembre 1770.

Titulaire de la paroisse des Trois-Pistoles d'après les registres paroissiaux.

Le titulaire de cette église était à l'origine Notre-Dame des Anges; les registres en témoignant abondamment, ainsi que nous l'avons constaté . En 1812 il n'est encore mentionné que N.-D. des Anges.

En 1814, Mgr Plessis, dans une pièce consignée aux registres des Trois-Pistoles, désigne la paroisse sous le nom abrégé de ''Notre-Dames des Trois-Pistoles,'' et l'on voit encore aux registres cette année ''Notre-Dame des Anges.''

En 1826, dans un document signé de Mgr Panet, le 14 juillet, on lit ''Notre-Dame'' tout court. Quatre ans plus tard, en 1830, apparaît pour la première fois ''Notre-Dame des Neiges''. On retrouve encore ce nom en 1833 et 1846.

Enfin, un décret de Mgr l'évêque de Tloa, en date du 5 septembre 1852, consacre définitivement le titulaire de Notre-Dame des Neiges.

Au commencement du décret l'évêque écrit "paroisse de N.-D. des Neiges", et vers la fin: "pour assurer à jamais à toute la paroisse la toute-puissante protection de la Reine des Anges, sa sainte patronne (de la paroisse)."

Et depuis, Notre-Dame des Neiges a usurpé définitivement la place de Notre-Dame des Anges.

La raison de ce changement? Celle-ci probablement. Notre-Dame des Anges n'a pas d'office propre au bréviaire romain. La fête de Notre-Dame des Neiges ayant été introduite au Canada, lorsque depuis de longues années Notre-Dame des Anges était titulaire de la paroisse des Trois-Pistoles, on trouva commode de prendre pour office du titulaire celui de Notre-Dame des Neiges. C'est ainsi, par exemple, que l'Hôpital-Général de Québec, dont le titulaire est demeuré Notre-Dame des Anges, célèbre cette fête avec l'office de l'Assomption. Mais aux Trois-Pistoles, cette adaptation d'un office étranger à la fête du Titulaire de la paroisse, entraîna le changement du Titulaire lui-même.

Il paraît aussi qu'à Rome Sainte-Marie Majeure s'appelle indifféremment Notre-Dame des Anges ou Notre-Dame des Neiges.

Les archives paroissiales des Trois-Pistoles contiennent un cahier des recettes, dépenses et décisions des Marguillers, commencé le 1er juin 1791.

Dans ce registre, au cours d'un acte de reddition de comptes des marguillers, le 21 juillet 1806, signé par M. Charles Hot, prêtre, il est dit: "Messire Joseph Dorval à son départ ayant emporté par inadvertance une partie des archives de la fabrique." Ces papiers n'ont pas été restitués, semble-t-il.

Registres paroissiaux de l'Ile-Verte

Les Récollets ne figurent qu'au plus ancien registre. Ce registre est ainsi intitulé: "Extrait du registre des baptêmes, mariages et enterrements de l'église paroissiale de St-Jean-Baptiste de l'Ile verte, paroissiale (sic) du diocèse de Québec."

Le Père Ambroise Rouillard ouvre le registre le 20 juillet 1766, par deux actes de mariage. Il se dit "faisant les fonctions dans la ditte paroisse." L'année suivante 1767, le 5 juin, il s'intitule "curé de (et aussi dans) l'île verte." Le 8 juillet de cette même année il enregistre la sépulture d'une femme "morte sans sacrement faute de m'avoir averti."

En 1768 le registre est tenu par M. Trutault, qui y inscrit quatre baptêmes en deux fois.

Suit un acte du Père Ambroise, non daté. C'est son dernier acte. Le registre passe alors à l'année 1770, et n'est plus tenu par les Récollets. Le Père Ambroise y figure avec dix actes.

Onze Récollets en tout furent, d'après les registres, missionaires à Rimouski, aux Trois-Pistoles et à l'Ile Verte. Ce sont les Pères Bernardin Leneuf, Michel Brulé, Florentin Favre de Belle-Roche, Gélase de Lestage, Ambroise Rouillard, Charles Barbel, Albert Millard, Bernard Bultel, Luc Hendrix, Bertin Mullet, Maurice de Lacorne.

www.ingramcontent.com/pod-product-compliance
Lightning Source LLC
Chambersburg PA
CBHW060821280326
41934CB00010B/2757